बादल के घुँघरू

जयकिशन सिंह

Made with ♥ on the Notion Press Platform
www.notionpress.com

बादल के घुँघरू

हिंदी गीत एवं कविताएँ

जयकिशन सिंह

क्रम-सूची

अध्याय 1

ये आग नहीं बुझने वाली

चन्दन गले लगा लें फिर भी
ये आग नहीं बुझने वाली,
विचारों में ये जलती है
अब यूँ ही नहीं रुकने वाली।
सर कट जायें फिर भी अब
ना रूह 'आजाद' की झुकने वाली,
चन्दन गले लगा लें फिर भी
ये आग नहीं बुझने वाली।
हिंसा अहिंसा की बात नहीं
जंजीर गुलामी भारी हैं,
न्याय धर्म जो कुचल दिए हैं
ना वो कोई उपकारी हैं।
डकैत भरे हैं घर में मेरे
अब बची नहीं लाचारी है,
लड़ जायें एक साँस पे हम सब
आजाद गुलामी हमारी है।
जब और रहे कोई घर में मेरे
ना मेहमान नवाजी रुकने वाली,
चन्दन गले लगा लें फिर भी
ये आग नहीं बुझने वाली
विचारों में ये जलती है
अब यूँ ही नहीं रुकने वाली।

सर कट जायें फिर भी अब
ना रूह 'आजाद' की झुकने वाली,
चन्दन गले लगा लें फिर भी
ये आग नहीं बुझने वाली।

सर कट जायें फिर भी अब
ना रूह 'आजाद' की झुकने वाली,
चन्दन गले लगा लें फिर भी
ये आग नहीं बुझने वाली।

सोचता हूँ तुझे वो पल दे दूँ

सोचता हूँ तुझे वो पल दे दूँ
उम्र भर के लिए दिल का महल दे दूँ ।
सागर की बाहों में झूलकर
लहरों को एक पल प्रेम दे दूँ,
सोचता हूँ तुझे वो पल दे दूँ
उम्र भर के लिए दिल का महल दे दूँ ।
संग बादल घटायें तैरकर
इन्द्रधनुष के सब रंग दे दूँ,
सोचता हूँ तुझे वो पल दे दूँ
उम्र भर के लिए दिल का महल दे दूँ ।
तस्वीरों से तेरी बातें करूँ
तितलियों से तेरी शिकायतें करूँ,
बातों ही बातों में तुमको सनम
पूरा का पूरा शहर दे दूँ ।
सोचता हूँ तुझे वो पल दे दूँ
उम्र भर के लिए दिल का महल दे दूँ ।
बेहोशी में जब मुस्करायेंगे हम
मुस्कराते हुए सारे होश दे दूँ,
सोचता हूँ तुझे वो पल दे दूँ
उम्र भर के लिए दिल का महल दे दूँ।

देख दिनकर मिलने आया

देख दिनकर मिलने आया
पर तू चाँद की विभावरी,
देख शमा बहार लाया
पर तू बहती गोदावरी।
मृदंग गूँज सुन जरा
पर तू बादल हिमादरी,
देख दिनकर मिलने आया
पर तू चाँद की विभावरी।
बेहोश खग पुकारते
तू खग राज आज भी,
दिल तुझपे वारते
तू प्रेम धार आज भी ।
धर्म तेरा सनातनी
पड़ोस तेरा कादिरी,
देख लपट आग की
पर तू नीरज है हादिरी ।
देख दिनकर मिलने आया
पर तू चाँद की विभावरी,
देख शमा बहार लाया
पर तू बहती गोदावरी ।
बात कोई है नहीं
तू बात ढूँढे साँवरी,
कोई है नहीं उत्तेजना
पर हो रही तू बावरी;
ना मन है ना चेतना
तू राग न्यौछावारी ।

देख दिनकर मिलने आया
पर तू चाँद की विभावरी,
देख शमा बहार लाया
पर तू बहती गोदावरी ।

बिन तेरे कैसे जिया हूँ मैं

जख्म मेरे सब बोल उठे
चलते चलते मेरे कदम रुके,
यादों का जाम पीता रहा
तनहाई में दिल उलझा रहा।
बिन तेरे ना मैं रहा हूँ मैं
क्या दिल धड़कन सुनाऊं मैं ?
आज आँखों को मेरी सुकून मिला
इन्तजार में दिल तेरे कब से खडा,
लग के गले दिल के एहसास सुन लो
बिन कहे वो लब्ज समझ लो;
फिर समझोगी तुम क्या सहा हूँ मैं
बिन तेरे कैसे जिया हूँ मैं।
तेरे कदमों की आहट को सुनता हूँ ऐसे
वर्षों के बाद मिलने आयी हो जैसे
मुड़ मुड़ के देखा है खुद को ही मैंने
जो खडा है दिल को आँखों से कहने
कभी हारा हूँ खुद से कभी लड़ा हूँ मैं
बिन तेरे ना मैं रहा हूँ मैं
क्या दिल धड़कन सुनाऊं मैं ?
फिर समझोगी तुम क्या सहा हूँ मैं
बिन तेरे कैसे जिया हूँ मैं।

देव समय के ओ मेरे

देव समय के ओ मेरे
जरा चाँद सूर्य को ये कह दो,
कभी आ जायें बेवक्त ये मिलने
ये मेहमान धरा के हैं कह दो।
वर्षों से है बारिश रूठी
दी उसने है आशा झूठी,
फिर इतराते ये बादल क्यूँ हैं
इनसे जाकर तुम ये कह दो ।
कभी आ जायें बेवक्त ये मिलने
ये मेहमान धरा के हैं कह दो
देव समय के ओ मेरे
जरा चाँद सूर्य को ये कह दो।
हवा ठहकती है खुद में
क्यूँ गरम हो रही मैं दिन हर दिन,
हवा महकती है ऋतु में
जब फूल पौधों पे आ जायें ।
हवा को थमने को कह दो
जब बादल नीर संग आ जायें,
हवा ठहरने को कह दो
जब सब खुशबू उसमें घुल जायें।
देव समय के ओ मेरे
जरा चाँद सूर्य को ये कह दो,
कभी आ जायें बेवक्त ये मिलने
ये मेहमान धरा के हैं कह दो।
देव समय के ओ मेरे
जरा चाँद सूर्य को ये कह दो।

आजाद हवाओं से पूछो

आजाद हवाओं से पूछो, वो क्या चाहती हैं;
आजाद फिजाओं से पूछो, वो क्या चाहती हैं
जो जन्म-स्वरुप हैं आजादी का, भला वो क्या चाहेंगी ?
बंद रही जो दशकों से, वो आजादी चाहेंगी;
बेघर रही जो दशकों से,वो घर ही चाहेंगी।
आजाद लताओं से पूछो, वो क्या चाहती हैं;
बढना मुड़ना है मन से, भला वो वो क्या चाहेंगी ?
आज़ाद घटाओं से पूछो, वो क्या चाहती हैं;
मिल जाये उन्हें सलिल हवा, भला वो क्या चाहेंगी ?
आज़ाद खगों से पूछो, वो क्या चाहते हैं;
मिल जाये घर दाना पानी भला वो क्या चाहेंगे ?
आज़ाद किनारों से पूछो, वो क्या चाहते हैं;
वो मिलाते हैं धरा जीवों को भला वो क्या चाहेंगे ?
आजाद हवाओं से पूछो, वो क्या चाहती हैं;
आजाद फिजाओं से पूछो, वो क्या चाहती हैं ।
जो जन्म-स्वरुप हैं आजादी का, भला वो क्या चाहेंगी ?

मेरे दिल मेरे जज़्बात

चल मेरे साथमेरे दिल मेरे जज़्बात
घर तक तेरे तुझे छोड़ आते हैं,
सूनापन है तुझमेंबंजारापन है तुझमें
ना जाने घरतक तेरे कितने मोड़ आते हैं।
चल मेरे साथमेरे दिल मेरे जज़्बात
घर तक तेरे तुझे छोड़ आते हैं।
कभी खो जाता है राह पे अपनी
कभी सो जाता है राह पे अपनी,
अभी सीख रहा है गिरकर उठना
अभी सींच रहा है रूठा सपना ।
भटका भटका रहता है
सब गम सैया बनाके सहता है,
गठरी बाँध ले गमों की अपनी
दिल मेरे ओ दिल मेरे;
राहों में ऐसे ही मोड़ आते हैं
चल गमों को वहीं पे छोड़ आते हैं ।
चल मेरे साथमेरे दिल मेरे जज़्बात
घर तक तेरे तुझे छोड़ आते हैं

सूनापन है तुझमेंबंजारापन है तुझमें
ना जाने घरतक तेरे कितने मोड़ आते हैं

सूनापन है तुझमेंबंजारापन है तुझमें
ना जाने घरतक तेरे कितने मोड़ आते हैं

चले हैं कदम से कदम मिलाये

चले हैं कदम से कदम मिलाये
जीवन को कवितायें बनाये,
कदम कदम पे मोड़ हैं आते
रस अलंकार नया रूप दिखाते।
मैं क्या बोलूँ कैसा हूँ मैं
जैसी कविता वैसा हूँ मैं,
दिल अपनाऔरों के साये
हर पल है ये हाल सुनाये ।
चले हैं कदम से कदम मिलाये
जीवन को कवितायें बनाये
कदम कदम पे मोड़ हैं आते
रस अलंकार नया रूप दिखाते ।
दिल जादूगर मन सौदागर है
मिलकर दोनों बात बनायें,
एक दूजे की जीत बतायें
रंग अपने अपने दिखायें।
चले हैं कदम से कदम मिलाये
जीवन को कवितायें बनाये
कदम कदम पे मोड़ हैं आते
रस अलंकार नया रूप दिखाते ।
मन उड़ता बादल दिल सावन घटायें
ठहर जाये जो मन कहीं तो

फिर दिल अपना ये हाल सुनाये,
कभी खुद की कस्ती खुद ही चलाये
कभी चढ़ता सूरज घर बुलाये।
चले हैं कदम से कदम मिलाये
जीवन को कवितायें बनाये
कदम कदम पे मोड़ हैं आते
रस अलंकार नया रूप दिखाते ।

ये आशा की किरणें हैं

ये आशा की किरणें हैं
ना लौ ये दीपक की,
मिलेंगी गले सबसेऔर
दूर तक जायेंगी।
कुछ बाँटेंगी गम अपने
कुछ खुशियां ये लायेंगी,
खेलेंगी अंधेरों में
उजालों में नहायेंगी।
ये आशा की किरणें हैं
ना लौ ये दीपक की,
मिलेंगी गले सबसेऔर
दूर तक जायेंगी।
किस्से ये सूरज के
सबको सुनायेंगी,
चाँद को अपना ये
पडौसी बतायेंगी।
चीर के बादल ये
धरा में समायेंगी,
कहानी अपनी ये
यूँ ही सुनायेंगी।
ये आशा की किरणें हैं
ना लौ ये दीपक की,
मिलेंगी गले सबसेऔर
दूर तक जायेंगी।

एक बात कहूँगा मैं

एक बात कहूँगा मैं
और बनकर तेरे दिल
मेंराज रहूँगा मैं,
जब याद मेरी तुम्हें आये
धड़कन अपनी सुन लेना;
साँसों में तेरी घुलकर
आबादरहूँगा मैं।
एक बात कहूँगा मैं
और बनकर तेरे दिल
मेंराज रहूँगा मैं।
आज मिलने मुझसे आ जाओ
कुछ कहने मुझसे आ जाओ,
जो कहा नहीं है मैंने अब तक
वो सुनने मुझसे आ जाओ।
आज फिर खड़ा वहीं पे हूँ
उतरने दिल में आ जाओ,
आज टूटे दिल के अपने
कुछ राग कहूँगा मैं।
एक बात कहूँगा मैं
और बनकर तेरे दिल
मेंराज रहूँगा मैं,
जब याद मेरी तुम्हें आये
धड़कन अपनी सुन लेना;
साँसों में तेरी घुलकर

आबाद रहूँगा मैं।

साँझ हो गयी

साँझ हो गयी वैरागी मन
घर अपने तुम आ जाओ,
क्यूँ ढूँढ रहे तुम देव को मेरे
हैं वो साथ तुम्हारे अब आ जाओ;
साँझ हो गयी वैरागी मन
घर अपने तुम आ जाओ ।
क्यूँ करम पुण्य में भटक रहे हो
क्यूँ पुनर्जीवन में अटक रहे हो?
सुन लो जीवन सार यहीं पे
जीवन मुक्त हो जाओ यहीं पे।
लक्ष्य बनाये जो जीवन के
उनमें तुम समा जाओ,
वेदान्तों का सार यहीं पे।
उनसे तुम कुछ पा जाओ
साँझ हो गयी वैरागी मन
घर अपने तुम आ जाओ,
क्यूँ ढूँढ रहे तुम देव को मेरे
हैं वो साथ तुम्हारे अब आ जाओ;
साँझ हो गयी वैरागी मन
घर अपने तुम आ जाओ।

थोड़ी आँखें हैं नम

शब्द हैं थोड़ेथोड़ी आँखें हैं नम
यूँ दिखते नहीं हैंमेरे जख्म,
जाकर के लौटे हैं कितने ही शख्स
क्यूँ फिर इतनों को होते हैं दिन में भरम।
सर्दी की रातें भी लगती हैं छोटी
जब रुकते नहीं गिरते पलकों से मोती,
बारिश का बूँदें भी लगती गरम
जब सूरज है ठण्डा और चाँद है गरम।
शब्द हैं थोड़ेथोड़ी आँखें हैं नम
यूँ दिखते नहीं हैंमेरे जख्म,
जाकर के लौटे हैं कितने ही शख्स
क्यूँ फिर इतनों को होते हैं दिन में भरम।
मंजिल थी दूर पर लौटा नहीं था
जहाँ कोहरा घना था मैं चलता वहीं था,
आज मंजिल है पास और कोहरा नहीं है
पर टूटा हूँ ऐसे जैसे संयम नहीं है;
राह है सीधी थोड़े काँटे हैं कम
घाव पे दिखती है मरहम नरम।
शब्द हैं थोड़ेथोड़ी आँखें हैं नम
यूँ दिखते नहीं हैंमेरे जख्म,
जाकर के लौटे हैं कितने ही शख्स
क्यूँ फिर इतनों को होते हैं दिन में भरम।

मेरे घर के आँगन में

मेरे घर के आँगन में दूर कहींसे
चलकर बिखरा पड़ा था,
शायद टूटा था किसी टहनी से
पर दिखने में मगरूर बड़ा था।
कुछ पल को बस दे दिया उसे अपना आँगन
कुछ पल बात अकेले में किया,
पर नहीं रुकाउसकी अँखियों से वो गिरता सावन
मैं मुस्काया वो मुस्काया;
अब नहीं रहावो सिर्फ पत्ता
अब आँगन भी उसके गले पड़ा था।
मेरे घर के आँगन में दूर कहींसे
चलकर बिखरा पड़ा था,
शायद टूटा था किसी टहनी से
पर दिखने में मगरूर बड़ा था।
मेरे सीने से वो लिपट गया
जैसे जीना चाहता था वो,
अपनों से वो मुकर गया
जैसे धोखा खाया था वो।
देख उसे अब लगता था
वो सिकुड़ रहा है दिन हर दिन,
ना रहे जड़ तना और टहनियाँ
वो अस्तित्व खो रहा दिन हर दिन।
मैं कोशिश हर दिन करता था
हरा भरा उसे कर जाऊं,
वो संघर्ष कर रहा हर क्षण में
जैसे आखिरी साँस तक लड़ा पड़ा था।

मेरे घर के आँगन में दूर कहींसे
चलकर बिखरा पड़ा था,
शायद टूटा था किसी टहनी से
पर दिखने में मगरूर बड़ा था।

आँखों ने आँखों से मिलकर

आँखों ने आँखों से मिलकर
सजाये हैं ख्वाबों के जलते दीये,
साँसों ने साँसों से मिलकर
बनाए हैं उम्मीदों के रस्ते अपने लिए।
तुम हो तो मैं भी हूँ
मैं हूँ तो तुम भी हो,
धड़कन से उनकी अपनी धड़कन मिलाकर
तूफानों में उनकी रात सजाकर
जगाये हैं अरमां सोये उनके लिए ।
आँखों ने आँखों से मिलकर
सजाये हैं ख्वाबों के जलते दीये,
साँसों ने साँसों से मिलकर
बनाए हैं उम्मीदों के रस्ते अपने लिए।
दरिया है तू और किनारा हूँ मैं
तेरे प्यार से चमकता तारा हूँ मैं,
आज बाहों को बाहों में रहने दो
आज जख्मों को जख्मों में रहने दो।
आज अश्कों को बात अपनी कहने दो
क्यूँ खफा हैं वो शिकायत तुम्हारी लिए ?
आँखों ने आँखों से मिलकर
सजाये हैं ख्वाबों के जलते दीये,
साँसों ने साँसों से मिलकर
बनाए हैं उम्मीदों के रस्ते अपने लिए।

रात अकेले ही खड़ी है

थोड़ी गुमशुम हैथोड़ी हैरां है
शायद मिली नहीं है चन्दा से,
धुन में अपनी हुंकार भरी है
रात अकेले ही खड़ी है।
होश नहीं है चन्दा को
वो खेल रहा घटाओं से,
कभी छिप जाता है घंटों तक
कभी बतियाता हवाओं से।
भौं चढ़ा ली रात ने अपनी
बात ये चन्दा तक पहुंची है,
अब फूल सफेद चन्दा है लाया
देख उसे दिल वार पड़ी है
रात अकेले ही खड़ी है।
बरसाते अधजल बादल हैं
गुर्राते हर पल बादल हैं,
गरजते हैं इतराने को
जल कितना ये दिखाने को ।
एक घटा बादल से लड़ी है
हाथ लिए अधजल खड़ी है,
कभी डर जाती है गरज से यूँ ही
कभी गले रात के आ पड़ी है;
रो रही टपकाए आँसू
अपने बात कहने को अड़ी है
रात अकेले ही खड़ी है।

हवा को देखा मस्ती में
वो नाच रही थी तेज धूप में,
साँझ होने से पहले ही
जैसे नशा किये वो लेटी है;
कभी ले आती है झोंके पल में
कभी घंटों तक वो रोती है ।
देर रात तक डूबी गम में
होश आने पे आँख लड़ी है,
रात अकेले ही खड़ी है

मोहि रंग कोई भी दे दे कृष्णा

तू ईष्टदेव है देव है मेरे मन का
तू रखवाला इस माटी तन का,
भक्ति भाव में तेरे में
जन्मों जन्म समा जाऊँ ।
रहकर तेरे चरणों में
बस भक्ति में तेरी रह जाऊँ,
मोह का दल दल तरके
रहे नहीं दिल में कोई तृष्णा;
मोहि रंग कोई भी दे दे कृष्णा
मोहि ढंग कोई भी दे दे कृष्णा।
रहकर तेरे चरणों में
बस भक्ति में तेरी रह जाऊँ,
मोह का दल दल तरके
रहे नहीं दिल में कोई तृष्णा;
मोहि रंग कोई भी दे दे कृष्णा
मोहि ढंग कोई भी दे दे कृष्णा ।
मैं धन दौलत से बंधा हुआ था
काम मोह में रजा हुआ था,
कोई त्याग नहीं था मेरे अन्दर
बनने चला था मोह समंदर।
अब प्यास रही ना भूख रही
जो भक्ति भाव की बात रही,
मन ऐसा है मेरा अब
कृष्ण देव पे वार दूँ सब
और जीवन मुक्त में हो जाऊँ ।
रहकर तेरे चरणों में

बस भक्ति में तेरी रह जाऊँ,
मोह का दल दल तरके
रहे नहीं दिल में कोई तृष्णा;
मोहि रंग कोई भी दे दे कृष्णा
मोहि ढंग कोई भी दे दे कृष्णा ।

भू तल में भूकम्प उठा

भू तल में भूकम्प उठा
हवा नीर सब बोल उठा,
गगन समेटे अपना कम्बल
इक पैर नचा वो सघन जंगल।
भाग खड़े कुछ जन बेचारे
जब पेड़ हरे किच्चारी मारे,
जीव जन्तु सब काँप उठे
संग वसुधा के नाच उठे।
बयार सोयी है चादर ताने
विटप हिलोरें मारे हैं,
खग घोंसले हैं हिलते
खग अण्डों को सँवारे हैं।
कोई मदद को चीख उठा
कई जीवन नए उजाड़े हैं,
आसमाँ तमाशा देख रहा
उसके झूठे तेवर न्यारे हैं।
इमारत काँपतीं थर थर हैं
सब डरे छिपे बंजारे हैं,
कुछ क्षण में शमा बदल गया
कहीं दिखे नहीं हत्यारे हैं।
जो बोल सका वो बोल उठा
हम प्रकृति अधीन तुम्हारे हैं,
चेतावनी से नासमझ सके
भोगी हम बेचारे हैं ।

बादल के घुँघरू

रह रह के छाँव में आते हो तुम
बादल के घुँघरू बनाते हो तुम,
आके जरा इन बूँदों को चख लो
वादों की पक्की हैं, इन्हें जवाँ पे रख लो।
ओठों पे मेरे अपना नाम ये लिखती हैं
हर दफा नयी पहचान ये रखती हैं,
तराने अनोखे सुनाते हो तुम
बहानों से हमें बहलाते हो तुम ।
दिखावे में हम जीयेंगे नहीं
तुम्हारे झूठे आँसू हम पीयेंगे नहीं,
रूह से रूह का रिश्ता तुम रख लो
बादल के घुँघरू किसी और के लिए रख लो ।
अगर इरादों में तुम्हारे नेकी रही हो
फिर होगा वही जो होना सही हो,
हम क्या हैं और क्या करते हैं हम
हम लुटाने चले हैं तुम पे सातो जन्म ।
क्या समझे हो तुम कि
आँखों में मेरी रहते हो तुम,
रह रह के छाँव में आते हो तुम
बादल के घुँघरू बनाते हो तुम।

विविधता

हलचल है मन में पीपल के पत्ते सी
पुरवई हवा है शीतल सी अच्छी सी,
बैठे हैं हाथों में हाथ लिए।
ना कोई किनारा है, ना कोई है बंदिश
मन घुलता हवा में ओझल हुआ है।
और धड़कन है बैठी औजार लिए,
बैठे हैं हाथों में हाथ लिए।
सिखाया जो तूने दिल में वो उतरा है
बातों में सपनों में तेरा ही चेहरा है,
अभी सीखा है चलना
थोड़ा आवाज बदलना।
जो कहा नहीं अब कहता हूँ माँ
पहली दफा कुछ कहता हूँ माँ,
मैं तुमसे प्यार करता हूँ माँ।
घास के तिनकों सा कच्चा हूँ माँ
कुछ मालूम नहीं पर सच्चा हूँ माँ,
मैं तुमसे प्यार करता हूँ माँ।

मुझे याद नहीं है किकब से
मेरी धड़कनमेरे साथ नहीं है,
अपनापन ढूँढती सबमें
इठलाती है अपनी धुन में।
कौन समझाये इसको कि
दिन है ये रात नहीं है,
मुझे याद नहीं है किकब से
मेरी धड़कनमेरे साथ नहीं है।
मौसम बदलते हैं बदल जायें
चाहे दिल ए दस्तक बदल जायें,
जब आओगी तुम मिलेंगे वहीं
ईमान को अपने समेटे वहीं।

बचपन के किस्से मुझे याद आते हैं
रह रह के दिल के करीब आते हैं,
खोया हूँ थोड़ा पर सँभल जाऊँगा माँ;
यादों को सारी समेट लाऊँगा माँ
मैं जल्दी घर लौट आऊँगा माँ।
देख लिया घर टूटा मेरा,
फिर देखने क्या तुम आती हो ?
मैं डूब रहा हूँ दिन हर दिन,
क्यूँ हाथ पकड़ने आती हो ?
खामोश रही हो वर्षों से,
क्यूँ टूट के मुझको चाहती हो ?
देख लिया घर टूटा मेरा,
फिर देखने क्या तुम आती हो ?
दीपक जलाके देखेंगे
जब होगी तुम मेरे सामने,
बल खायेगी शमा भी तुमपे
दिल जाए धड़कन थामने।

एक पन्ने पे तेरा नाम लिखा है
एक बार नहींबार बार लिखा है,
क्या लिख दूँ खत में नाम तुम्हारे ?
पर खत में होंगे बस नाम तुम्हारे ।
हर कलम आवाज लिए है
संवेदनाओं का साज लिए है,
जो बातें ठहर गयीं मन में
टहलाती बचपन-यौवन में;
प्रौढ़ खिलावय में मुरझाया
कलम चलीदिल गोते खाया।
चिंगारी हृदय की भले बुझी है
पर चिड़िया मुँह में राख लिए है,
हर कलम आवाज लिए है
संवेदनाओं का साज लिए है।
कुछ वक्त भी सोया
कुछ हम भी सोये,
जज्बातों से भरी कहानी है
वो बात बड़ी पुरानी है।
राह बना कर काँटो में
गिर-उठकर चली जवानी है,
जज्बातों से भरी कहानी है
वो बात बड़ी पुरानी है।

हम बोलेंगे नहीं
दिल के गहरे राज,
लब्जों से यूँ खोलेंगे नहीं।
सन्नाटों में रहकर
यादों में बसकर,
इन्तजार में तेरे डोलेंगे वहीं।
हम बोलेंगे नहीं
दिल के गहरे राज,
लब्जों से यूँ खोलेंगे नहीं।
रत रत जाग के क्या करना है ?
क्या चन्दा सुबह का और
सूरज शाम का बनना है ?
रत रत जाग के क्या करना है ?

यार तेराना रूठेगा
वो ख्वाब तेराना टूटेगा,
तूफानों में साहिलों कारास्ता ना भूलेगा
होगी देर भले हीपर साथ तेरा ना छूटेगा;
यार तेराना रूठेगावो ख्वाब तेराना टूटेगा।
कुछ वादे थेजो सजाये थे, कुछ आधे थेजो बचाये थे;
भीग गए कुछ बारिश संग,कुछ ढह गए एक ही रंग।
हिस्से के बचे घाव पे,हम मरहम खुद लगाए थे;
कुछ वादे थेजो सजाये थे, कुछ आधे थेजो बचाये थे।
बदल गया है मौसम तुम बिन
कब आएगी वो बारिश रिमझिम ?
अजीब उदासी मन पे छायी
ना दिखती है खुद की परछायी,
जगते हैं नए गम अब हर दिन
बदल गया है मौसम तुम बिन।
कब आएगी वो बारिश रिमझिम ?

कच्ची उमर थी उसकी
कुछ पैसा माँग रही थी,
जब कलम पकड़नी थी उसको
वो गलियाँ लाँघ रही थी।
जब खेल खेलने थे उसको
वो रोटियाँ माँग रही थी,
कोई कमी नहीं थी उसमें
बस सब किस्मत मान रही थी;
कच्ची उमर थी उसकी
कुछ पैसा माँग रही थी।
ओ मतवारी प्रीति की,जरा हाल सुना देना,
जब आऊँ शहर में तेरे, तब बेबाक सजा देना;
ओ मतवारी प्रीति की,जरा हाल सुना देना।

देख रही मुझे वर्षों से
मेरे पलकों तले सिमट गयी,
कहती थी रख लो मुझको
उन पन्नों के उजियालों में;
दिख जाऊँगी मैं भी सबको
तुम्हारे जबाब-सवालों में।
मेरा जबाब बस इतना आया
रह कर जहन में मेरे तुम,
दिखती हो मेरे इरादों में
तुम दिखती हो मेरे वादों में।
मुश्किल क्षण में रहे यूँ ठाढ़े
व्यथा के बनकर तुम हत्यारे,
तुम कौन सदी के प्यारे हो
क्यूँ दिखते सबसे न्यारे हो ?
तुम्हें अड़चन आनि बुलायेंगे,
जब तक कुछ ना बतायेंगे।

ये जीवन है दो क्षण का
निश्चल चरित्र है हर कण का,
क्या अहम और क्या शान ?
जो विवेक मिला कर उसका सम्मान
दो पंख लगा ले मानवता के,
दे उनको जो हैं हक के मेहमान;
छोड़ दे तू वो पूँजी वाला झूठा सम्मान
जिसके तले दबी है मासूमों की जान।

वो जज़्बा रखा था अड़ जाने का
वो जज़्बा रखा था लड़ जाने का,
ना एक बार पलट के देखा उसने
वो आँख चढ़ाये विजय के सपने।
धुँधली परत थी कोहरे की
शीत लहर के आड़े आया,
दे पटक दुश्मन को लाया
कहने को सिपाही बना था;
परइस राष्ट्र के नाम पे राख हो जाए
ऐसा वीर मेरा भाई बना था।

आओ, हिसाब बराबरी का कर लेते हैं;
कुछ किस्से तुम सुनाओ,कुछ किस्से हम सुनायेंगे।
थोड़ी खुशी तुम ले जाओ,थोड़े गम हम ले जायेंगे
थोड़ी धूप तुम ले जाओ,थोड़ी छाँव हम लेजायेंगे;
आओ, हिसाब बराबरी का कर लेते हैं।
मूर्छा आयी मेरा दिल बहलाने
सो गया उसे बिन पहचाने,
आँख खुली;कमजोर हुआ।
कब रात ढली ?कब सवेर हुआ ?

बूँद बूँद कर टपक रहे हो
धूप रंग में भटक रहे हो,
एक रंग समाया है जग में
वो बस प्रेम रंग जो है मग में।
पहचान अपनी बता रहा है
जंग जिंदगी की दिखा रहा है,
लड़कपन से होकर जवानीके
किस्सेअपने सुना रहा है;
मेरा शहर मुझे बुला रहा है।

कभी हाल पूछने चली आती है
तो कभी मेरी आने की आहटसे
ही मुझे पहचान जान जाती है,
मेरी जरा सी मुस्कान से अपने
गमों के सागर को भी लाँघ जाती है;
वो दूर रहकर भीमेरे दिल की
धड़कनपहचान जाती है।
अक्सर गुस्सा हो जाती है,
पर मनाने से मान जाती है।
जे हो जाए उलझन में मनवा
राह नहींपर चश्मा में कुनवा,
फिर खड़ाऊँ लिये हाथों में चलियो
देह बात ना एक पल सुनियो।
अगर दिख जाये मंजर तुझे वो
जो बात रखे आँखों की तेरी,
जिसे हाल बेहाल में साथ तू पाए
जब रहे घटायें बिन बादल साये;
बिन मौसम हाल सुनाईओ रे
जे प्यार कबहूँ ना भुलाईओ रे।

दो पग चलता दो पग चलता
दिन थक केअब रात हुई,
आयी निशा और मुझसे बोली
आखिर तेरी शुरुआत हुई।
जब मेघों के बीच में ठहरती है रोशनी
जब धूप छाँव के बीच खेलती है रोशनी,
उस रोशनी से थोड़े उजले हैं रास्ते
थोडा रोशन जहाँ मेरा थोड़े मुस्कराते रास्ते,
ना मंजिलों का जोर है सुकून मेरे वास्ते।

जयकिशन सिंह

www.ingramcontent.com/pod-product-compliance
Lightning Source LLC
Chambersburg PA
CBHW021148130726
47988CB00004B/1512